Melli Meerjungfrau

Geschichte und Illustration

Anja Winkelmann

Für M. A. Meerjungfrau

Melli war eigentlich eine ganz normale Meerjungfrau.

Doch sie fühlte sich anders, als die anderen Meerjungfrauen in ihrer Schulklasse.

Melli war nicht so der Typ für Abenteuer. Sie mochte es nicht besonders wenn die Dinge spannend wurden oder wenn es Überraschungen gab.

Jeden Morgen, wenn sie in die Meerjungfrauen Schule gebracht wurde, spürte sie es.

Ihre Freunde waren alle putzmunter und spielten schon haschen um die Korallen.

Melli jedoch bemerkte ein sehr seltsames Gefühl in ihrem Bauch.

Sie wusste, jetzt musste sie sich wieder von ihrer Mama oder von Ihrem Papa trennen und manchmal konnte sie nicht anders, als einfach zu weinen.

Sie konnte es sich selbst nicht erklären. Sie wollte ja versuchen nicht zu weinen. Aber diese Gefühle waren einfach zu überwältigend.

Ihre Eltern blieben meist geduldig und trösteten Melli. Doch manchmal, wenn sie es eilig hatten, wurden auch sie ungeduldig mit ihr.

„Ach Melli," sagte ihre Mutter dann „warum weinst du denn? Du weißt doch, dass wir uns heute Nachmittag wiedersehen."

Melli wusste es selbst nicht genau. Natürlich wusste sie, dass sie ihre Mama nach der Schule wiedersehen würde. Aber diese Gefühle kullerten scheinbar unkontrollierbar durch ihren Körper.

Melli brauchte dann immer etwas Zeit, um sich wieder zu beruhigen.

Und erst dann, durfte ihre Mama oder ihr Papa losgehen und Melli allein lassen.

Eines Tages, als Melli wieder in der Schule saß, kam der Direktor mit einer neuen Schülerin in die Klasse.

„Meine Kinder," sagte er in einem fast feierlichen Ton „ich möchte euch Alwine vorstellen."

Er schob eine kleine Meerjungfrau nach vorn, die Melli noch nie gesehen hatte.

„Alwine ist neu in unserer Nachbarschaft und wird nun eure neue Mitschülerin."

Melli merkte sofort, dass die anderen Kinder anfingen zu tuscheln und dass es unruhig wurde in der Klasse. Ja sie merkte sogar, dass sich die Stimmung veränderte. Gerade eben fühlte sich der Raum noch leicht an, doch jetzt bemerkte Melli eine seltsame Stimmung im Klassenzimmer.

Melli fing an zu forschen woher dieses Gefühl kam. Und es dauerte nicht lange, bis sie verstand dass die anderen Meerjungfrauenmädchen unfreundliche Dinge über ihre neue Mitschülerin flüsterten.

Melli konnte sich schon vorstellen was die schöne Leonie über Alwine sagte.
Alwine sah nämlich nicht so aus, wie Meejungfrauen üblicherweise aussehen.
Sie war ein wenig dick und hatte ungewöhnlich kurzes Haar. Außerdem trug sie eine Brille.
Melli hatte noch nie eine Meerjungfrau mit einer Brille gesehen.
Eigentlich sah Alwine ziemlich interessant aus.
Nur eben nicht wie die anderen Meerjungfrauen, mit ihren langen schönen Haaren und den glitzernden Flossen.

ie Lehrerin zeigte Alwine einen Platz direkt vor Melli.

Melli beobachtete Alwines kurzes Haar nun ganz interessiert aus nächster Nähe.

Als der Direktor den Klassenraum wieder verlassen hatte wurde das Getuschel der anderen Meerjungrauenmädchen immer lauter.

Zwischendurch mussten einige sogar ein lautes Lachen unterdrücken.

Melli wurde ganz flau im Magen.

Sie fühlte förmlich wie die Gemeinheiten das Klassenzimmer plötzlich füllten, ohne zu hören was die anderen sagten. Bis schließlich die Lehrerin alle zur Ruhe ermahnte.

Erst als alle Kinder wieder dem Unterricht folgten, beruhigte sich Mellis Bauch wieder und sie konnte sich endlich wieder konzentrieren.

Plötzlich erklang die Schneckenhornmuschel, mit einem vollen Ton zur Pause. Alle Meerjungfrauen sprangen von ihren Plätzen auf und schwammen ins Freie.

Melli hatte es meist nicht sehr eilig. Sie wartete oft bis alle draußen waren, um dem Trubel zu entgehen. Erst dann machte sie sich auf den Weg und suchte sich in einer geschützten Ecke ein Plätzchen um zu frühstücken oder einfach etwas Ruhiges zu machen.

Dieses Mal jedoch blieb sie nicht allein im Raum zurück.

Alwine suchte noch etwas in ihrem Ranzen und wirkte etwas schüchtern.

„Möchtest du nicht rausgehen?" fragte Melli.

Überrascht schaute sie Alwine durch die Gläser ihrer Brille an.

„Ähm doch." antwortete sie zögerlich.

„Wollen wir zusammen rausgehen?" fragte Melli, die selbst ein bisschen überrascht war dies angeboten zu haben.

Alwine strahlte über das ganze Gesicht und antwortete erleichtert: „Ja, sehr gern!"

Gemeinsam verließen sie den Klassenraum und suchten sich einen gemütlichen Platz zwischen den Korallen, von dem aus sie die anderen Mädchen mit genügend Abstand beobachten konnten.

S pielst du nicht mit den anderen fangen?"
fragte Alwine Melli.
„Nein," antwortete Melli
„das ist mir zu wuselig."
„Verstehe." sagte Alwine.

Sie saßen eine Weile schweigend nebeneinander, als schließlich Leonie und ein paar andere Meerjungfrauen Mädchen in ihre Nähe schwammen. Und da war es wieder, dieses Kichern.

„Na ihr zwei?!" sagte Leonie auf ganz merkwürdige Art, von der Melli sofort wusste, dass sie nichts Gutes bedeutete.

„Wollt ihr mit uns Wasserball spielen?"
Alwine begann zu lächeln.
„Ja, total gern!" antwortete sie.
Melli hätte Alwine am liebsten zurückgehalten, denn sie spürte, hier stimmt etwas nicht.

Doch da war es bereits zu spät und Alwine schwamm inmitten der anderen Meerjungfrauen Mädchen.

„Ok," erklärte Leonie „das Spiel geht so: wir werfen uns den Ball zu und du musst versuchen ihn uns abzujagen."

Alwine nickte und schon flog der Ball nur so durch das Wasser und immer über Alwines Kopf hinweg.

Das Spiel war von Beginn an unfair, denn Alwine spielte allein gegen fünf.

So konnte sie natürlich nicht gewinnen.

Sie schwamm hektisch dem Ball hinterher und versuchte ihn immer wieder zu erreichen.

Sie war ganz außer Puste und kam kaum noch hinterher.

„Na, kannst du nicht mehr?" fragte Leonie gemein.

„Du bist wohl nicht fit genug?"

„Na das ist doch klar, bei diesem Dickerchen" fügte ein Meerjungfrauen Mädchen hinzu.

„Alwine – Lawine!" rief Leonie und die anderen stimmten in diesen Chor mit ein.

„Alwine – Lawine!"

„Jetzt ist auch klar warum du so einen komischen Namen hast.

„Alwine – Lawine!" hallten die Rufe durch die halbe Kolonie.

Alwine schwamm nun ganz still zwischen den anderen Meerjungfrauenmädchen.

Sie schaute nach unten auf den Meeresboden und war wie festgefroren.

Sie weint bestimmt, dachte Melli.

Melli fühlte sich furchtbar. Diese Gemeinheiten die Alwine da gerade erlebte, machten sie selbst sehr wütend. Am liebsten hätte sie Alwine da dort einfach weggezogen.

Aber sie traute sich nicht und sie selbst fühlte sich fast so ähnlich wie Alwine, die in der Mitte immer noch unbeweglich im Wasser schwebte.

Melli war so traurig und hilflos über die Gemeinheiten der anderen Mädchen, dass sie gar nicht recht wusste wohin mit sich selbst.

Es fühlte sich fast so an, als hätten die anderen ihr und nicht Alwine weh getan.

Melli war so berührt und fühlte ein großes, ungutes Gefühl in ihrem Bauch.

Wie konnten die anderen nur so gemein sein?

Melli wurde ganz hilflos. Ihr Bauch fühlte sich nun an als hätte sie einen riesen Stein darin.

Wortlos schwamm sie einfach weg.

Sie schwamm weg von Alwine und von den gemeinen Meerjungfrauenmädchen, sie schwamm weg von der Schule und vom Unterricht.

Einfach so. Sie sagte niemanden Bescheid und schwamm einfach zu ihrem Lieblingsort im Korallenriff. Eine geheime Höhle in einem Felsen. Nur die Seesterne wussten von dieser Höhle.

Melli setzte sich still in an diesen Platz.

Dann begann sie bitterlich zu weinen.

Diese Ungerechtigkeit konnte sie einfach nicht ertragen.

Und gleichzeitig ärgerte sie sich über sich selbst.

Wie konnte sie nur Alwine allein lassen?

Sie hätte sie doch einfach beschützen können.

Aber dazu war sie zu feige.

Sie weinte jetzt hemmungslos über alles. Über die Situation aber auch über sich.

In ihrem Kopf drehten sich nun Fragen über Fragen.

Warum konnte ich Alwine denn nicht beschützen?

Warum muss ich immer sooft weinen und die anderen nicht?

Warum ist mir oft einfach alles zu viel?

Und dann voller Wut schrie sie ins Meer hinein:

„Warum bin ich so anders? Warum kann ich denn nicht normal sein?"

Wie oft hatte sie diesen Satz gehört:

„Kuck mal, die anderen Kinder machen das doch auch, warum machst du das denn nicht?" Oder „Schau mal, kein anderes Kind weint. Nur du weinst wieder."

Warum war sie wie sie war? Warum nur?

Warum fühlte sie sich so falsch?

Melli schluchzte so laut, dass sie gar nicht bemerkte, dass ihr jemand zuschaute.

Erst nach einer Weile, als sie sich wieder beruhigt hatte schaute sie vom Meeresboden wieder etwas nach oben und erblickte zunächst etwas Dunkles vor ihren Augen.

Sie konnte gar nicht richtig sehen, so sehr war ihr Blick verschwommen von den vielen tausend Tränen die sie weinte. Doch dann erkannte sie immer mehr wer da vor ihr saß.

Mit einem ganz ruhigen Blick wurde sie von wunderschönen Wasserschildkröte beobachtet.

Ihr Panzer war riesig und sie musste schon sehr alt sein.

Melli und die Schildkröte schauten sich eine Weile nur still an. Niemand sagte etwas. Bis die Schildkröte ein langes „Mmmmmmmh" brummte.

„Ich habe dich gehört." sagte sie als nächstes, auf ganz ruhige Art.

„Ich habe gehört, dass du glaubst mit dir stimme etwas nicht."

Melli schämte sich ein wenig, dass jemand den sie nicht kannte, sie gehört hatte."

arum glaubst du, dass etwas nicht in mit dir in Ordnung ist?"

Melli war überrascht, von dieser Frage. War es nicht offensichtlich das sie irgendwie komisch ist, wo sie hier allein sitzt und sich die Augen ausweint?

Sie begann zu erzählen wie es ihr ging. Das sie sehr empfindlich sei. Dass sie sich lieber zurückzog und etwas Anderes spielte, wenn die anderen Meerjungfrauen herumtobten.

Das sie fühlte wie sich die Stimmung in einem Raum anfühlte.

Dass ihr die Trennung von ihrer Mama und ihrem Papa immer wieder aufs Neue weh tat. Und dass sie oft spürte, dass sie ihre Gefühle nicht kontrollieren könne."

Die Schildkröte hörte geduldig zu.

Zum Schluss nickte sie nur stumm und schwieg.

Melli fand das komisch. Sie hatte eine Antwort erwartet.

Irgendwas in der Art, dass das alles tatsächlich
seltsam war.
Doch die Schildkröte blickte sie nur still an.
Doch Melli traute sich auch nicht zu fragen, was
sie wohl davon hielt.

Nach einer Weile sagte die Schildkröte nur:

„Komm mal mit." und schwamm los.
Melli war zunächst verdutzt aber, sie vertraute der
Schildkröte und schwamm einfach hinter her.

Als sie nach einigen Minuten schließlich eine glitzernde Sandbank erreichten, deutete die Schildkröte auf eine Muschel die geöffnet in den Meereswellen auf einem Felsen lag.

So weit, tief im Meer traf kaum noch ein Sonnenstrahl auf den Meeresboden. Das Wasser hatte ein tiefe, dunkelblaue Färbung und darin erstrahlte diese Muschel so schön in ihrem Perlmutt, dass Melli sie einfach nur betrachten wollte.

Melli staunte wie schön die Muschel aussah und als sie noch genauer hinschaute sah sie, dass im Inneren eine hübsche glatte Perle lag. Sie war so glatt und so besonders, wie sie Melli noch nie zuvor gesehen hatte.

Melli betrachtete die Perle, die wie auf einem kleinen Kissen in der Muschel lag. Lange Zeit geschah einfach nichts. Auch die Schildkröte sagte nichts und schwieg.

Als ein Raubfisch an die Muschel heranschwamm und sie beinahe berührte, schloss sie sich blitzschnell und nur noch die harte perlmutt-schimmernde Schale war von ihr zu sehen.

Mellis Herz klopfte plötzlich ganz wild. Zum Glück hatte die Muschel es noch rechtzeitig geschafft sich zu schließen.

Nicht auszudenken, wenn der Raubfisch das Muschelfleisch und die Perle zu seinem Mittagessen gemacht hätte.

Melli sammelte sich gerade innerlich wieder, als die Schildkröte unvermittelt zu reden begann:

„Du bist wie diese schöne Muschel."

Melli stutzte, denn sie verstand nicht was die Schildkröte damit sagen wollte.

„Die Muschel beschützt das Wertvollste was sie hat, in dem sie sich verschließt.
Wenn es ihr zu viel wird oder sie sich bedroht fühlt, macht sie einfach zu und zieht sich zurück.
Ist das nicht schlau von der Muschel?"
fragte die Schildkröte

Melli musste zugeben, dass das sogar ziemlich schlau war. Oder umgekehrt, das es sogar ziemlich dumm wäre, wenn die Muschel das nicht tun würde.

„Du machst das Gleiche, wenn du fühlst das deine Perle in Gefahr ist, dann würdest du auch am liebsten deine Schale zuklappen. Weil du aber keine Schale hast, bleibt dir nichts anders übrig als zu weinen oder dich zurückzuziehen, wenn es sich so anfühlt als ob deiner Perle etwas passieren könnte."

„Ja" sagte Melli, „genau so geht es mir!"

Doch dann fügte sie an: „Ich habe nur keine Perle."

Die Schildkröte widersprach. „Doch das hast du, du hast etwas das für dich genauso wertvoll ist, wie die Perle für die Muschel."

Melli überlegte was das wohl sein könnte, sie hatte noch nie darüber nachgedacht, dass sie etwas beschützen wollte, wenn diese Gefühle durch ihren Körper kullerten und sie die Tränen nicht zurückhalten konnte. Oder wenn sie allein auf dem Pausenhof saß.

Und während Melli noch nachdachte, was ihre Perle wohl sein könnte entgegnete die Schildkröte „Harmonie!"

„Harmonie?" fragte Melli. Damit konnte sie irgendwie nichts anfangen.

„Ja!" erklärte die Schildkröte. „Harmonie ist, wenn alles in Ordnung ist.

Wenn irgendwie alles am richtigen Platz ist. Alle Dinge, aber auch alle Gefühle.

Wann immer es einen Streit gibt ist die Harmonie nicht in Ordnung.

Stell dir vor du hörst eine wunderschöne Musik und plötzlich ertönt zwischendurch ein fürchterliches Quietschen. Dieses Quietschen stört die Harmonie.

Und dir ist deine Harmonie sehr wichtig. Genau wie die Perle der Muschel wichtig ist. Deine Harmonie ist sehr zart und zu laute Geräusche oder zu viel Unruhe können sie stören. Harmonie fühlt sich an, als ob in deinen Gefühlen alles aufgeräumt ist."

Melli dachte nach. Das machte plötzlich alles Sinn und dennoch hatte sie eine Frage: „Aber ist denn den Anderen Harmonie nicht wichtig? Warum können die anderen Kinder in meiner Klasse laut schreien, ohne dass es sie stört? Warum stört sie der Trubel nicht?"

Die Schildkröte nickte verständnisvoll.

„Doch, doch! Auch den anderen Meerjungfrauen ist Harmonie wichtig. Eigentlich wollen sich alle Lebewesen harmonisch fühlen. Doch für jeden, bedeutet Harmonie etwas Anderes und jeder braucht etwas Anderes um sich gut und sicher und in Ordnung zu fühlen."

Melli blickte auf die Muschel, die sich bereits wieder einen kleinen Spalt geöffnet hatte.

Sie verstand, dass sie erst noch etwas Zeit brauchte ums sich wieder ganz zu öffnen. So ging es Melli auch oft und sie freute sich, dass sie nun jemanden kannte, der genau so war wie sie.

Sie begann zu lächeln und sagte zur Schildkröte: „Danke, dass du mir gezeigt hast, was meine Perle ist. Und das es in Ordnung ist auf sie aufzupassen und dass das jeder auf seine eigene Weise tut." Und dann fügte sie nach einer kurzen Pause hinzu:

„Ich denke ich sollte mich jetzt um Alwine kümmern."

Die Schildkröte nickte und antwortete: „Ja, das wäre wirklich sehr schlau. Vielleicht seid ihr euch ja sogar etwas ähnlich?!

„Ja, vielleicht." antwortete Melli, während ein breites Lächeln über ihr Gesicht erstrahlte.

Liebe VorleserInnen, liebe Eltern,

diese Geschichte ist speziell für sensible Kinder und deren Eltern geschrieben worden und soll helfen, dass die Kinder ein Verständnis für sich selbst entwickeln können, um zu erwachsenen Menschen mit einem gesunden Selbstwert heranzuwachsen.

Die Geschichte von „Melli Meerjungfrau" dient auch dazu, mit ihrem Kind in das Gespräch über seine eigenen Gefühle zu kommen.

Hier ein paar Beispielfragen, um solche Gespräche zu eröffnen:

Geht es dir auch manchmal wie Melli?
Wie geht es dir wenn du merkst, dass andere Kinder geärgert werden?
Was brauchst du, damit du dich harmonisch fühlst?
Bei Melli kullern die Gefühle durch den Körper, wie fühlt sich das bei dir an?

Ich wünsche Ihnen und Ihrem Kind viel Freude beim Lesen und Fühlen.

Ihre, Anja Winkelmann

Über die Autorin

Anja Winkelmann arbeitet seit vielen Jahren als Hypnosetherapeutin und seit dem Jahre 2012, mit dem Entstehen ihrer Geschichte „Wie die kleine Angst groß werden wollte" auch als Autorin. Durch die Arbeit mit ihren Klienten hat sich eines immer wieder bestätigt:
Wer ein stabiler und glücklicher Mensch werden möchte, sollte schon sehr früh damit beginnen. Die meisten Probleme mit denen die Menschen in ihre Praxis kommen haben ihre Wurzeln in der eigenen Kindheit. Und weil nicht alle Kinder Superhelden und Räubertöchter sind, entstand die Idee gerade den sensiblen Kindern Geschichten zu geben, die sie zu starken erwachsenen Persönlichkeiten werden lassen, die fest an sich glauben und tief in ihrem inneren Wissen:
So wie ich bin, so bin ich gut!

www.avicosa.de
www.avicosa-verlag.de

Weitere Bücher im avicosa Verlag von Anja Winkelmann

Diese Bücher finden sie auf Amazon.de.
Folgen sie unserem Verlag bei Facebook:
facebook.de/avicosaverlag